W0312229

Renate Rothbauer

Himmlische Kekse

Einzigartige Rezepte von Welt der Frau und Wiener Zucker

welt der frau

Wiener Zucker

Impressum:

Das Werk einschließlich aller seiner Teile ist urheberrechtlich geschützt. Jede Verwertung außerhalb des Urhebergesetzes ist ohne Zustimmung der Welt der Frau Verlags GmbH und AGRANA Zucker GmbH unzulässig und strafbar. Das gilt insbesondere für Vervielfältigungen, Übersetzungen, Mikroverfilmungen und die Einspielung und Verarbeitung in elektronische Systeme.

Es ist deshalb nicht gestattet, Abbildungen dieses Buches zu scannen, in PCs bzw. auf CDs zu speichern oder in PCs zu verändern oder einzeln oder zusammen mit anderen Bildvorlagen zu manipulieren.

Die in diesem Buch veröffentlichten Ratschläge sind mit größter Sorgfalt von der Autorin erarbeitet und geprüft worden. Eine Garantie kann jedoch nicht übernommen werden. Ebenso ist eine Haftung des Verlags und seiner Beauftragten für Personen-, Sach- oder Vermögensschäden ausgeschlossen.

Jede gewerbliche Nutzung der Rezepte ist nur mit Genehmigung der
Welt der Frau Verlags GmbH und AGRANA Zucker GmbH gestattet.

Himmlische Kekse - Einzigartige Rezepte von Welt der Frau und Wiener Zucker
Autorin: Renate Rothbauer
© 2008 by Welt der Frau Verlags GmbH / Linz, www.welt-der-frau.at
Lektorat: Sandra Prinz
Cover/Fotos: foto & style, Theresa Schrems, A-1060 Wien, foto-style@aon.at
Grafik Design: Grafikdesign Mag. Lois Jesner, A-4040 Linz
Druck und Bindung: Niederösterreichisches Pressehaus, A-3100 St. Pölten

ISBN 978-3-200-01316-2

Vorwort

Schon als Kind hat es mich immer fasziniert, mit meiner Großmutter neue Rezepte auszuprobieren - diese Leidenschaft ist mir bis zum heutigen Tag geblieben. Auch das Heimelige, die guten Gerüche und das angenehme Gefühl verbinde ich mit dem Keksbacken.

Heute bin ich selbst Großmutter und genieße es, dies meinen Enkeln weiterzugeben. Das „Schlachtfeld Küche" ist schnell vergessen, wenn man die stolzen, strahlenden Augen der Kinder sieht.

Sind Kekse unzertrennlich mit Advent und Weihnachten verbunden? Ich würde diese Frage verneinen, denn es gibt viele Anlässe, Kekse zu backen. Kekse sind lange haltbar und können auf Vorrat eingefroren werden. Wenn überraschend Gäste kommen, ist man nie in Verlegenheit. Für große Feste wie Taufen oder Hochzeiten ist es schon fast ein Muss, die kleinen Köstlichkeiten aufzuwarten.

Ein wichtiger Garant für das Gelingen der Kekse sind natürlich die Zutaten, wie auch Zucker in seiner Vielfalt. Wiener Zucker ist seit jeher mit der österreichischen Mehlspeiskultur aufs Engste verbunden. Seien es Vanillekipferln, Punschkrapferln, Nuss-Busserln oder Marzipan-Makronen – mit der richtigen Wiener Zucker-Sorte schmecken alle selbst gemachten Kekse unnachahmlich!

Mit dem Buch „Himmlische Kekse" sind der Fantasie keine Grenzen gesetzt und Sie können Ihre Familie, Freunde und Gäste immer wieder mit etwas Neuem verwöhnen - für festliche Anlässe, gesellige Runden, Kinderjausen oder Weihnachten.

Lassen Sie sich inspirieren und dazu verführen, die einfachen und auch die extravaganten Variationen der himmlischen Rezepte auszuprobieren!

Und wenn ich Ihnen ein klein bisschen von der Faszination und dem angenehmen Gefühl, das ich mit Keksbacken verbinde, vermitteln kann, dann würde mich das sehr freuen!

Herzlichst

Ihre Renate Rothbauer

Inhalt

FESTLICHE ANLÄSSE

GEMÜTLICHE STUNDEN IN GESELLIGER RUNDE

ÜBERRASCHUNGEN FÜR KINDER

WEIHNACHTEN

Alphabetisches Inhaltsverzeichnis

Tipps, die das Keksebacken erleichtern

Allgemein...

- Die Kekse immer auf ein kaltes Backblech legen, damit sie ihre Form nicht verlieren.
- Die Mengenangaben können verdoppelt oder halbiert werden, um die gewünschte Anzahl an Keksen herzustellen. (z.B.: Bei geringeren Mengen statt einem Ei nur einen Dotter verwenden!)
- Sollte ein Rezept misslingen, die Kekse für eine Punschmasse verwenden.
- Die Verwendung von Butter ist zu empfehlen, denn sie ist in Geschmack und Aroma nicht zu ersetzen.
- Erfordert ein Rezept schaumig gerührte Butter, sollte man sie rechtzeitig aus dem Kühlschrank nehmen, damit sie weich wird. Reicht die Zeit nicht aus und ist die Butter sehr hart, kann man sie mit Hilfe einer Reibe zerkleinern. Zerlassene Butter ist kein Ersatz für weiche Butter!

Der perfekte Mürbteig...

- Für Mürbteige nur glattes Mehl oder Universalmehl verwenden.
- Mürbteig sollte möglichst rasch aus kalten Zutaten und mit kalten Händen zubereitet werden.
- Wenn der Teig beim Bearbeiten zerfällt oder bröselig wird, mit 1-2 EL Milch binden.
- Zum Rasten wickelt man den Teig in Frischhaltefolie, damit er nicht austrocknet. Mürbteig muss mindestens ½ Stunde rasten. Teige mit Gewürzen sollten länger rasten, damit sich die Aromen besser entfalten können.
- Mürbteige kann man einige Tage im Kühlschrank aufbewahren und zur Verarbeitung immer nur das benötigte Stück abschneiden.
- Eine Mürbteigplatte bringt man am einfachsten aufs Backblech, wenn man den Teig zuerst direkt auf dem zugeschnittenen Backpapier auswalkt und dann auf das Blech zieht. Das Backpapier legt man auf eine befeuchtete Arbeitsfläche, damit es nicht rutscht.

Dressiersack für meisterhafte Kekse...

- Die Anschaffung eines Dressiersackes lohnt sich, weil die Portionierung von vielen Keksen wie Busserln, Krapferln etc. damit erleichtert wird.
- Den Dressiersack sollte man nicht zu voll füllen, damit man ihn noch eindrehen und gut halten kann. Das Befüllen ist einfacher, wenn man den Dressiersack in ein passendes Gefäß stellt.
- Damit das Backpapier beim Aufspritzen der Masse nicht verrutscht, befeuchtet man das Backblech und legt dann das Backpapier darauf.

Backzeit ist nicht gleich Backzeit...

- Die bei den Rezepten angegebenen Backzeiten und Backtemperaturen sind Richtwerte. Da die Backleistung der handelsüblichen Backrohre unterschiedlich ist, sollte man die Kekse beim Backen beobachten und dabei gewonnene Erfahrungen neben den Rezepten notieren.

Dekoration erlaubt Kreativität...

- Da die in den Rezepten angegebenen Glasuren und Verzierungen Geschmackssache sind, können diese nach Laune und Gusto immer wieder variiert werden!

So gelingt die Keksglasur...

- Zum Anrühren der Glasur verwendet man am besten eine Schüssel mit rundem Boden. Ein Kochlöffel ist besser zum Rühren geeignet als ein Schneebesen, da durch diesen Luft in die Masse kommt und Bläschen entstehen.
- Die „Löffelprobe": Ist ein in die Masse getauchter Löffel nach dem Herausziehen ca. 1mm dick mit Glasur überzogen, ist die Konsistenz richtig.

Ei – wohin damit?

- Übriggebliebenes Eiklar kann in Schraubverschlussgläsern einige Tage im Kühlschrank aufbewahrt werden.
- Eidotter - mit etwas Wasser übergossen - ist 2-3 Tage im Kühlschrank haltbar.

Aufbewahrung...

- Kekse vor dem Einschlichten in Dosen oder Kunststoffbehältern gut auskühlen lassen!
- Die Kekse nach Sorten getrennt aufbewahren; nur dann behalten sie ihr individuelles Aroma. Um das Zusammenkleben der Kekse zu vermeiden, Alufolie oder Backpapier zwischen die einzelnen Lagen legen.

Abkürzungserklärungen

TL	Teelöffel
EL	Esslöffel
Msp.	Messerspitze
Pkg.	Packung
ml	Milliliter (1 Liter = 1000 ml)
cl	Zentiliter (1 Liter = 100 cl)
dl	Deziliter (1 Liter = 10 dl)
l	Liter
g	Gramm (1 kg = 1000 g)
dag	Dekagramm (1kg = 100 dag)
kg	Kilogramm

FESTLICHE ANLÄSSE

Jostabeeren-Ringe

50 Stück

Zutaten für den Teig:

100 g Speisestärke
300 g Mehl
120 g Wiener Staubzucker
2 Pkg. Vanillezucker
1 Prise Salz
2 Eidotter
1 EL Rum
abgeriebene Schale einer unbehandelten Zitrone
250 g Butter

Zutaten für die Schneemasse:

2 Eiklar
120 g Wiener Backzucker
Jostabeerengelee (oder Ribiselmarmelade)
Ribisellikör

Speisestärke, Mehl, Staubzucker, Vanillezucker und Salz auf der Arbeitsfläche gut vermischen. Die Eidotter, Rum, Zitronenschale und die klein gewürfelte Butter dazugeben. Alles zu einem glatten Teig verkneten. In Frischhaltefolie gewickelt eine Stunde im Kühlschrank rasten lassen.

Teig ausrollen, Scheiben mit 4–5 cm ø ausstechen und auf ein mit Backpapier ausgelegtes Backblech legen.

Im vorgeheizten Backrohr bei 180 °C ca. 12 Minuten hell backen.

Für die Schneemasse die Eiklar mit Backzucker steif schlagen, in einen Dressiersack füllen und auf die Hälfte der Scheiben einen Kranz spritzen. Nochmals 5 Minuten bei Oberhitze backen. Das Jostabeerengelee mit Ribisellikör glatt rühren und den Schneekranz der noch warmen Kekse damit füllen.

Die restlichen Kekse mit Jostabeerengelee bestreichen und mit den vorbereiteten Keksen zusammensetzen.

Schon gewusst?
Die Jostabeere wird im Volksmund auch „Joglbeere" genannt; sie ist eine Züchtung aus Stachelbeere und Schwarzer Ribisel.

Marzipan-Nuss-Scheiben

60 Stück

Zutaten für den Teig:

300 g Mehl
120 g Wiener Staubzucker
1 Pkg. Vanillezucker
80 g geriebene Walnüsse
200 g Butter
1 Eidotter

Zutaten für den Belag:

200 g Marzipanrohmasse
50 g Wiener Staubzucker
Marillenmarmelade

Zutaten für die Glasur:

100 g Wiener Staubzucker
1 Eiklar
1 TL Zitronensaft

Walnusshälften zum Verzieren

Aus den Zutaten rasch einen glatten Mürbteig kneten. In Frischhaltefolie gewickelt eine ½ Stunde kalt stellen.

Den Teig 3 mm dick ausrollen, Scheiben mit 4–5 cm ø ausstechen und auf ein mit Backpapier ausgelegtes Backblech legen.

Im vorgeheizten Backrohr bei 180 °C ca. 12 Minuten hell backen.

Marzipanrohmasse mit Staubzucker gut verkneten, dünn ausrollen und ebenfalls kleine Scheiben ausstechen.

Die ausgekühlten Kekse mit Marillenmarmelade bestreichen und mit je einer Marzipanscheibe belegen.

Für die Glasur Staubzucker mit Eiklar und Zitronensaft zu einer dicken Masse verrühren und auf die Marzipanscheiben streichen.
Mit je einer Walnusshälfte belegen und trocknen lassen.

Himbeer-Marzipan-Kränze

25 Stück

Zutaten für den Teig:

200 g Mehl
80 g Wiener Staubzucker
120 g Butter
1 Eidotter
1 Prise Salz

Zutaten für Belag und Füllung:

200 g Marzipanrohmasse
100 g Wiener Staubzucker
1 Pkg. Vanillezucker oder Mark einer halben Vanilleschote
1 Eiklar
2 TL Cognac

Himbeergelee

Aus den angegebenen Zutaten einen Mürbteig zubereiten und in Frischhaltefolie gewickelt eine Stunde kühl stellen.

Inzwischen die Marzipanrohmasse zerkleinern und mit Staubzucker, Vanillezucker, Eiklar und Cognac zu einer spritzfähigen, cremigen Masse verrühren.

Den Mürbteig durchkneten und 3 mm dick ausrollen, Scheiben mit 5 cm ø ausstechen und mit Abstand auf ein mit Backpapier ausgelegtes Backblech legen.

Die Marzipanmasse in einen Dressiersack füllen und auf jede Scheibe einen Kranz spritzen, dabei einen Rand freilassen.

Im vorgeheizten Backrohr bei 160 °C ca. 12 Minuten backen.

Aus dem Backrohr nehmen und mit Hilfe einer Garnierspritze jeden Kranz mit Himbeergelee füllen. Wieder ins Backrohr schieben und noch ca. 5 Minuten backen.

Kokosrouladen

ergibt 4 Rouladen ca. 15 cm lang und 4 cm dick

Zutaten für den Teig:

300 g Butterkekse
200 g Wiener Staubzucker
1 Pkg. Vanillezucker
20 g Kakaopulver
150 g Marillenmarmelade
2 EL Rum

Zutaten für die Füllung:

100 g Butter
200 g Wiener Staubzucker
3 EL Rum
3 EL Milch
80 g Kokosette

Schokoladeglasur zum Bestreichen

Kokosette zum Wälzen

Die Butterkekse reiben oder in einen Gefrierbeutel geben und mit dem Fleischklopfer zerkleinern.

Die zerkleinerten Kekse mit den übrigen Zutaten in eine Rührschüssel geben, mit dem Knethaken gut verkneten und eine halbe Stunde kalt stellen.

Für die Füllung die zimmerwarme Butter mit Staubzucker, Rum und Milch schaumig rühren. Kokosette dazugeben und gut verrühren.

Den Teig in 4 Teile teilen und auf einer mit Staubzucker bestreuten Arbeitsfläche 4 mm dick, rechteckig ausrollen. Die Füllung - ebenfalls in 4 Teile teilen - vorsichtig aufstreichen und längsseitig einrollen.

Jede Roulade auf Frischhaltefolie legen, mit Schokoladeglasur bestreichen und dick in Kokosette wälzen. In die Frischhaltefolie einrollen und kühl stellen.

Zum Anrichten in Scheiben schneiden.

Tipp:
Zum Schneiden das Messer in heißes Wasser tauchen.
Hinweis:
Die Kokosrouladen werden nicht gebacken.

Schokoladentaler mit Eierlikörglasur

60 Stück

Zutaten für den Teig:

250 g Butter
200 g Wiener Staubzucker
1 Ei
120 g Kochschokolade
1 Prise Salz
1 Msp. Backpulver
150 g geriebene Mandeln
1 TL Zimt
380 g Mehl

Zutaten für die Glasur:

250 g Wiener Staubzucker
4–5 EL Eierlikör

Marillenmarmelade zum Füllen

Schokoladeflocken zum Bestreuen

Zimmerwarme Butter, Staubzucker und das Ei mit dem Mixer schaumig rühren.
Die geschmolzene, abgekühlte Kochschokolade einrühren. Nach und nach das mit Salz, Backpulver, Mandeln und Zimt vermischte Mehl einkneten. Den Teig in Frischhaltefolie wickeln und eine ½ Stunde kühl gestellt rasten lassen.

Den Teig ausrollen, Scheiben mit 4 cm ø ausstechen und auf ein mit Backpapier ausgelegtes Backblech legen.

Im vorgeheizten Backrohr bei 180 °C ca. 12 Minuten hell backen.

Für die Glasur den Staubzucker mit Eierlikör gut verrühren, auf die mit Marillenmarmelade zusammengesetzten Kekse streichen und mit Schokoladeflocken bestreuen.

Schokoladescheibchen

35 Stück

Zutaten für den Teig:

6 Eiklar
170 g Wiener Backzucker
1 Prise Salz
170 g geriebene Mandeln
100 g Zartbitterschokolade
80 g Zitronat

Zutaten für den Belag:

Marillenmarmelade
Schokoladeflocken oder geriebene Nüsse
Wiener Streuzucker

Die Eiklar mit Backzucker und einer Prise Salz zu steifem Schnee schlagen. Mandeln und geriebene Schokolade vermischen und mit dem fein geschnittenen Zitronat vorsichtig unterheben.

Ein Backblech mit Backpapier belegen, mit Öl bestreichen und den Teig 1 cm dick aufstreichen.

Im vorgeheizten Backrohr bei 150 °C ca. 20 Minuten backen.

Den gebackenen Teig mitsamt dem Backpapier in der Mitte durchschneiden. Eine Hälfte mit Marillenmarmelade bestreichen, die zweite Hälfte mit Hilfe des Backpapiers daraufklappen, dabei leicht andrücken. Sofort mit Hilfe einer Ausstechform Scheiben mit 4 cm ø ausstechen.

Den Rand mit erwärmter Marillenmarmelade bestreichen und in Schokoladeflocken oder geriebenen Nüssen wälzen. Die Schokoladescheibchen mit Streuzucker bestreuen.

Tipp:
Kein Teigverlust entsteht, wenn 4 x 4 cm große Würfel geschnitten werden. Dabei das Messer immer wieder in kaltes Wasser tauchen.

Orangenbusserln

80 Stück

Zutaten für den Teig:

4 Eiklar
170 g Wiener Braunzucker
40 g Mehl
100 g geriebene Mandeln
2 Pkg. Vanillezucker
1 TL abgeriebene Schale einer unbehandelten Orange

Die Eiklar mit Braunzucker steif schlagen. Mehl mit Mandeln, Vanillezucker und Orangenschalen vermischen und unter die Schneemasse heben.

Mit Hilfe von 2 Teelöffeln oder einem Dressiersack mit glatter Spritztülle Busserln auf ein mit Backpapier belegtes Backblech setzen.

Im vorgeheizten Backrohr bei 150 °C ca. 25 Minuten backen.

Variante:
Die Busserln mit Orangenmarmelade zusammensetzen und zur Hälfte in Schokoladeglasur tauchen.

Produkt-Tipp:
Wiener Braunzucker ist karamellisierter Kristallzucker, veredelt mit Rohrzuckersirup. Er hebt die Würzkraft aller

Mohnhügerl

30 Stück

Zutaten für den Teig:

100 g Rosinen
4 EL Rum
2 Eiklar
100 g Wiener Backzucker
1 Pkg. Vanillezucker
80 g gehackte Walnüsse
100 g gemahlener Mohn
2 EL Mehl

30 Stück Backoblaten (4 cm ø)
weiße Schokoladeglasur
zum Bestreichen

Rosinen klein schneiden, mit Rum vermischen und ziehen lassen. Die Eiklar mit Backzucker und Vanillezucker zu festem Schnee schlagen. Die abgetropften Rosinen und die Walnüsse unterziehen. Mohn mit Mehl vermengen und vorsichtig unter die Schneemasse heben.

Mit Hilfe von zwei Teelöffeln kleine Hügeln auf die Backoblaten häufen.

Im vorgeheizten Backrohr bei 160 °C ca. 20 Minuten backen.

Erkaltet mit weißer Schokoladeglasur bestreichen, mit etwas gemahlenem Mohn bestreuen und eine Rosine auf die noch weiche Schokoladeglasur geben.

Variante:
Anstelle von Rosinen kann man auch Dörrzwetschken verwenden.

Kapuzinertascherln

50 Stück

Zutaten für den Teig:

380 g Mehl
1 Prise Salz
250 g Butter
150 g Wiener Staubzucker
3 EL Milch

Zutaten für die Füllung:

80 g Rosinen
1/16 l Rotwein
80 g geriebene Mandeln
20 g Zitronat
1 TL abgeriebene Schale einer unbehandelten Orange
100 g Wiener Feinkristallzucker

Zutaten für den Belag:

2–3 Eiklar
Mandelblättchen

Wiener Streuzucker zum Bestreuen

Aus den angegebenen Zutaten rasch einen Mürbteig kneten und in Frischhaltefolie gewickelt eine ½ Stunde kühl gestellt rasten lassen.

Inzwischen für die Füllung die Rosinen in Rotwein kochen, abkühlen und abtropfen lassen, fein schneiden und mit Mandeln, klein geschnittenem Zitronat, Orangenschale und Feinkristallzucker vermischen.

Den Teig 3 mm dick ausrollen, mit einem gezackten Ausstecher Scheiben mit 5-6 cm ø ausstechen und die Ränder mit verschlagenem Eiklar bestreichen.

Auf eine Hälfte etwas Füllung geben, die andere Hälfte darüberklappen und die Ränder gut andrücken. Mit verschlagenem Eiklar bestreichen und mit Mandelblättchen bestreuen.

Die Tascherln auf ein mit Backpapier belegtes Backblech legen und im vorgeheizten Backrohr bei 160 °C 15–20 Minuten backen.

Die noch warmen Kapuzinertascherln mit Streuzucker bestreuen.

Produkt-Tipp:
Wiener Streuzucker ist ein besonders feiner und rieselfähiger Zucker, der direkt auf warme Mehlspeisen gestreut werden kann, nicht zergeht und nicht klumpt.

Marzipankipferln

40 Stück

Zutaten für den Teig:

400 g Marzipanrohmasse
200 g Wiener Backzucker
3 Eiklar (Eier-Gewichts-klasse M)
30 g klein geschnittene Aranzini
1 TL abgeriebene Schale einer unbehandelten Zitrone

Orangen- oder Marillen-marmelade zum Füllen

Schokoladeglasur zum Tunken

Marzipanrohmasse zerkleinern, mit den Eiklar und Backzucker so lange verrühren, bis eine klumpenfreie Masse entstanden ist. Aranzini und Zitronenschale unterrühren.

Die Masse in einen Dressiersack mit mittelgroßer glatter Spritztülle füllen und auf ein kaltes, mit Backpapier ausgelegtes Backblech kleine Kip-ferln spritzen. Eine Stunde kühl gestellt rasten lassen.

In die untere Hälfte des vorgeheizten Backrohres schieben und bei 170 °C ca. 12 Minuten backen.

Die erkalteten Kipferln mit Marmelade zusam-mensetzen und die Enden in Schokoladeglasur tauchen.

Produkt-Tipp:
Wiener Backzucker ist durch seine Körnung speziell für alle Arten feiner österreichischer Mehlspeisspezialitäten zu ver-wenden. Er ist besonders gut vermischbar und leicht löslich.

Walnuss-Würfel

35 Stück

Zutaten für den Teig:

250 g Mehl
½ Pkg. Backpulver
150 g Butter
100 g Wiener Staubzucker
1 Pkg. Vanillezucker
1 TL abgeriebene Schale einer unbehandelten Zitrone

Zutaten für die Walnussfüllung:

200 g geriebene Walnüsse
120 g Wiener Braunzucker
4 EL Rum
2 EL Marillenmarmelade

Zutaten für die Glasur:

1 TL Instantkaffee
250 g Wiener Staubzucker
1 Eiklar

Walnüsse zum Verzieren

Die Zutaten rasch zu einem Teig kneten und eine ½ Stunde kühl gestellt rasten lassen.

Den Teig ca. 5 mm dick auf einem Backpapier ausrollen und auf das Backblech ziehen.
Mit einer Gabel in regelmäßigen Abständen einstechen.

Im vorgeheizten Backrohr bei 180 °C ca. 12 Minuten hell backen.

Den gebackenen Teig gemeinsam mit dem Backpapier in der Mitte durchschneiden.

Für die Füllung Walnüsse mit Braunzucker, Rum, 5 EL Wasser und Marillenmarmelade zu einer eher festen Masse verrühren und auf eine Hälfte des Mürbteigbodens auftragen.

Den zweiten Mürbteigboden mit Hilfe des Backpapiers daraufklappen und leicht andrücken. Das Gebäck durchziehen lassen (damit es beim Schneiden nicht so leicht bricht), dann das Backpapier abziehen und in kleine Würfel schneiden.

Für die Glasur Instantkaffee in 1 EL heißem Wasser auflösen und mit dem Staubzucker und dem Eiklar einige Minuten glatt rühren.
Die Würfel mit der Glasur bestreichen und mit je einem Stückchen Walnuss belegen.

Nuss-Orangen-Makronen

50 Stück

Zutaten für den Teig

4 Eiklar
320 g Wiener Backzucker
220 g geriebene Haselnüsse
2–3 EL Brösel
Saft einer ½ Orange
abgeriebene Schale einer ½ unbehandelten Orange

Orangenmarmelade zum Befüllen

Die Eiklar mit Backzucker zu einer cremigen Masse rühren. Haselnüsse, Brösel, Orangensaft und Orangenschale vorsichtig unterheben.

Die Makronenmasse in einen Dressiersack mit glatter Spritztülle füllen und kleine Häufchen auf das mit Backpapier ausgelegte Backblech (oder auf kleine Backoblaten) spritzen.

Mit einem Kochlöffelstiel in jedes Busserl eine Mulde drücken und mit Orangenmarmelade füllen. Auf die Marmelade noch einen Tupfer Makronenmasse spritzen.

Die Makronen mindestens 8 Stunden trocknen lassen.

Im vorgeheizten Backrohr bei 180 °C ca. 10 Minuten hell backen.

Tipp:
Die Orangenmarmelade zum schnelleren Befüllen in eine Garnierspritze oder in einen Gefrierbeutel (eine kleine Ecke abschneiden) füllen.

Kaisertörtchen

30 Stück

Zutaten für den Teig:

- 270 g Mehl
- 1 TL Backpulver
- 150 g Butter
- 70 g geriebene Haselnüsse
- 100 g Wiener Staubzucker
- 1 Pkg. Vanillezucker
- 1 Ei

Zutaten für die Creme:

- 2 Rippen Kochschokolade
- 150 g Butter
- 100 g Wiener Staubzucker
- 1 EL Rum

Zutaten für den Belag:

- Schokoladeglasur (Fertigprodukt)
- Marillenmarmelade
- geriebene Haselnüsse

Die Zutaten rasch zu einem glatten Teig verkneten und in Frischhaltefolie gewickelt eine ½ Stunde kühl gestellt rasten lassen.

Den Teig 3 mm dick auswalken, kleine Scheiben ausstechen und auf ein mit Backpapier belegtes Backblech legen.

Im vorgeheizten Backrohr bei 170 °C ca. 12 Minuten backen.

Für die Creme die Kochschokolade erweichen und mit Butter, Staubzucker und Rum gut verrühren.

Ein Drittel der Kekse mit Schokoladeglasur überziehen und trocknen lassen. Die übrigen mit Marillenmarmelade zusammensetzen, mit Creme bestreichen und jeweils eine glasierte Scheibe darauf setzen. Den Rand der Törtchen mit Creme bestreichen und in geriebenen Haselnüssen wälzen.

Tipp:
Man kann auch Kokosette zum Wälzen verwenden.

Punschtörtchen

40 Stück

Zutaten für den Teig:

230 g Mehl
150 g Butter
80 g Wiener Staubzucker
1 Pkg. Vanillezucker
2 Eidotter

Zutaten für die Füllung:

3/16 l Milch
100 g Wiener Braunzucker
250 geriebene Haselnüsse
4 EL Rum

Zutaten für den Belag:

Marillenmarmelade
Punschglasur (Fertigprodukt)
Zuckerdekor oder gehackte Pistazien

Aus den Zutaten rasch einen Teig kneten und in Frischhaltefolie gewickelt eine Stunde kühl gestellt rasten lassen.

Den Teig 2–3 mm dick ausrollen und Scheiben mit 4 cm ø ausstechen.

Auf ein befettetes Backblech legen und bei 180 °C ca. 12 Minuten hell backen.

Für die Füllung Milch mit Braunzucker ein Mal aufkochen, Haselnüsse dazugeben und unter Rühren kurz anrösten. Falls die Masse zu dick ist, noch ein wenig Milch dazu geben.
Die Punschmasse abkühlen lassen und dann den Rum einrühren.

Die Kekse mit der Punschmasse zusammensetzen. Die Oberfläche mit erhitzter Marillenmarmelade bestreichen und mit nach Packungsanleitung erwärmter Punschglasur glasieren. Mit Zuckerdekor oder gehackten Pistazien verzieren.

Kaffee-Küsschen

30 Stück

Zutaten für den Teig:

250 g Mehl
1 TL Backpulver
1 Pkg. Vanillepuddingpulver
80 g Wiener Staubzucker
140 g Butter
1 TL Instantkaffee
1 Ei
1 Eidotter

Himbeermarmelade
zum Füllen

Zutaten für die Kaffeeglasur:

200 g Wiener Staubzucker
4–5 EL Mokka

Mokkabohnen zum
Dekorieren

Mehl mit Backpulver, Vanillepuddingpulver und Staubzucker gut vermischen und mit den anderen Zutaten schnell zu einem glatten Teig verkneten. Im Kühlschrank eine Stunde rasten lassen.

Den Teig dünn auswalken und Scheiben mit 4-5 cm ø ausstechen. Diese auf ein befettetes oder mit Backpapier ausgelegtes Backblech legen.

Im vorgeheizten Backrohr bei 190 °C ca. 10 Minuten hell backen.

Für die Kaffeeglasur Staubzucker und Kaffee zu einer dickflüssigen Masse verrühren.

Die Kekse mit Marmelade zusammensetzen, mit Kaffeeglasur überziehen und mit je einer Mokkabohne belegen.

Nougatzungen

Zutaten:

Teig:

150	g	weiche Butter
2	EL	Creme fraîche
200	g	Staubzucker
1		Prise Salz
1/2	KL	Zimt
3		Dotter
200	g	glattes Mehl
50	g	Maisstärkemehl
100	g	geriebene Haselnüsse

Füllung:

100	g	erweichter Nougat

Zum Verzieren:

1/2		Becher Dr. Oetker Decor Kakaoglasur

Butter, Creme fraîche, Staubzucker, Salz und Zimt schaumig rühren. Die Dotter nach und nach unterrühren. Mehl und Stärke mischen, darüber sieben und mit den Nüssen unterheben. Den Teig in einen Spritzbeutel mit mittlerer glatter Tülle füllen. Auf ein mit Backpapier ausgelegtes Backblech 7 cm lange Biskotten spritzen. Das Blech in die Mitte des vorgeheizten Rohres schieben.

Backtemperatur

Strom: vorheizen und backen bei 180 Grad
Gas: vorheizen und backen bei 3
Backzeit: ca. 12 Min.

Jeweils zwei der erkalteten Kekse mit Nougat zusammensetzen.

Die Glasur nach Vorschrift auf dem Becher erweichen und die Nougatzungen damit beliebig verzieren.

Cantuccini & Nougatzungen

aus
en
ay.
t,

Wussten Sie schon...

... dass man eine geronnene Buttercreme wieder glatt bekommt? Die Creme unter Rühren im heißen Wasserbad <u>vorsichtig</u> erwärmen bis sie wieder glatt ist und dann nochmals kurz auf höchster Stufe aufschlagen.

17 Sonntag

18 Montag

19 Dienstag

20 Mittwoch ○ 02.34

21 Donnerstag

22 Freitag

23 Samstag

24 Sonntag

25 Montag

26 Dienstag

27 Mittwoch ☾

28 Donnerstag

29 Freitag

30 Samstag

Mandelhäufchen

50 Stück

Zutaten für den Teig:

100 g Butter
1 Ei
1 Eidotter
100 g Wiener Staubzucker
1 Pkg. Vanillezucker
100 g Mehl
1 gestr. TL Backpulver
100 g geriebene Mandeln

Schokoladeglasur
(Fertigprodukt)

Die zimmerwarme Butter schaumig rühren, nach und nach mit dem Ei, Eidotter, Staubzucker und Vanillezucker zu einer cremigen Masse verrühren. Mehl mit Backpulver und Mandeln vermischen und einrühren.

Mit Hilfe von zwei Teelöffeln oder einem Dressiersack mit glatter Tülle kleine Häufchen auf ein mit Backpapier ausgelegtes Backblech setzen.

Im vorgeheizten Backrohr bei 170 °C ca. 15 Minuten hell backen.

Nach dem Abkühlen zur Hälfte oder ganz mit Schokoladeglasur bestreichen.

Giottotörtchen

50 Stück

Zutaten für den Teig:

200 g Mehl
100 g Stärkemehl
120 g Wiener Staubzucker
140 g Butter
1 Ei
1 EL Rum
1 Prise Salz
½ TL Zimt

Zutaten für die Creme:

100 g Butter
50 g Wiener Staubzucker
120 g Zartbitterschokolade
1 Ei

Zutaten zum Dekorieren:

Giottokugeln
gehackte Pistazien

Aus den Zutaten rasch einen glatten Mürbteig kneten. In Frischhaltefolie gewickelt eine Stunde kühl gestellt rasten lassen.

Den Teig noch einmal kurz durchkneten, auswalken, Scheiben ausstechen und auf ein mit Backpapier ausgelegtes Backblech legen.

Im vorgeheizten Backrohr bei 170 °C
ca. 14 Minuten hell backen.

Für die Creme die zimmerwarme Butter mit Staubzucker schaumig rühren. Schokolade im Wasserbad erweichen, abkühlen lassen und in die Buttermasse rühren. Das Ei ebenfalls einrühren und die Creme kühl stellen.

Die ausgekühlten Scheiben mit der Creme zusammensetzen.

Auf die Kekse Creme dressieren, mit einer ganzen Giottokugel garnieren und mit gehackten Pistazien bestreuen.

Anisherzerln

70 Stück

Zutaten für den Teig:

100 g Marzipanrohmasse
200 g Butter
200 g Mehl
1 Msp. Backpulver
100 g Wiener Staubzucker
2 Eidotter
1 EL gemahlener Anis
2 EL Sauerrahm

Zutaten für die Glasur:

200 g Kochschokolade
40 g Kokosfett

Die Marzipanrohmasse reiben oder in kleine Stücke reißen und die Butter in kleine Stücke schneiden. Alle Zutaten zu einem glatten Teig verkneten. In Frischhaltefolie gewickelt eine ½ Stunde kühl gestellt rasten lassen.

Den Teig 3–4 mm dick ausrollen, kleine Herzen ausstechen und auf ein mit Backpapier ausgelegtes Backblech legen.

Im vorgeheizten Backrohr bei 160 °C ca. 10 Minuten hell backen.

Für die Glasur die Schokolade in Stücke teilen und mit dem Kokosfett im Wasserbad schmelzen, verrühren und abkühlen lassen.

Die erkalteten Herzerln zur Hälfte in Schokoladeglasur tunken.

Variante:
Knetet man zusätzlich 3 EL Schokoladeflocken in den Teig, erhält man eine neue Geschmacksrichtung.

Schwarz-Weiß-Traum

70 Stück

Zutaten für den Teig:

200 g Mehl
80 g Stärkemehl
½ TL Backpulver
60 g geriebene Mandeln
100 g Wiener Staubzucker
1 Pkg. Vanillezucker
1 Ei
200 g Butter

Zutaten für die Creme:

120 g Marzipanrohmasse
120 g Butter
120 g Zartbitterschokolade

weiße und dunkle Schokoladeglasur zum Verzieren

Mehl mit Stärkemehl, Backpulver, geriebenen Mandeln, Staubzucker und Vanillezucker gut vermischen. Das Ei und die in Stücke geschnittene kalte Butter dazugeben und zu einem glatten Teig verarbeiten. In Frischhaltefolie gewickelt eine Stunde kühl gestellt rasten lassen.

Den Teig nicht zu dünn ausrollen, mit einem gezackten Ausstecher Scheiben mit ca. 4 cm ø ausstechen und auf ein mit Backpapier ausgelegtes Backblech legen.

Im vorgeheizten Backrohr bei 180 °C ca.
10 Minuten hell backen.

Die Kekse sofort vom Backblech nehmen und auskühlen lassen.

Für die Creme die Marzipanrohmasse fein reiben oder in Stückchen reißen und mit der zimmerwarmen Butter cremig rühren.
Die Schokolade im Wasserbad erweichen und abgekühlt in den Butter-Marzipan-Abtrieb rühren.

Die Kekse mit Creme zusammensetzen und mit weißer und dunkler Schokoladeglasur feine Linien darüberziehen.

Tipp:
Die Creme lässt sich mit einer Garnierspritze besser auf den Keksen verteilen.

Kokos-Marzipan-Makronen

60 Stück

Zutaten für den Teig:

200 g Marzipanrohmasse
2 Eiklar
100 g Wiener Backzucker
2 EL Rum
200 g Kokosette

Zutaten zum Verzieren:

Schokoladeglasur (Fertigprodukt)

Kokosette

Die Marzipanrohmasse reiben oder in kleine Stücke reißen. Die Eiklar mit Backzucker und den Marzipanstückchen aufschlagen. Rum unterrühren und zum Schluss das Kokosette einrühren.

Die Kokosmasse in einen Dressiersack mit großer glatter Spritztülle füllen und kleine Häufchen auf ein mit Backpapier ausgelegtes Backblech spritzen.

Im vorgeheizten Backrohr bei 150 °C 15–20 Minuten hell backen.

Die ausgekühlten Makronen mit der Spitze in Schokoladeglasur tauchen und mit etwas Kokosette bestreuen

GEMÜTLICHE STUNDEN
IN GESELLIGER RUNDE

Zigarren

50 Stück

Zutaten für den Teig:

250 g Butter
180 g Wiener Braunzucker
1 Pkg. Vanillezucker
5 Eidotter
300 g Mehl
30 g Kakaopulver

Ribiselmarmelade zum Bestreichen

Zutaten für die Glasur:

100 g Wiener Staubzucker
4 EL Rum

Die zimmerwarme Butter mit Braunzucker, Vanillezucker und den Eidottern schaumig rühren. Mehl und Kakaopulver vermischen und einrühren. Den Teig sofort in einen Dressiersack mit mittelgroßer, glatter Spritztülle füllen und auf ein mit Backpapier ausgelegtes Backblech 6-7 cm lange Stangerln spritzen.

Im vorgeheizten Backrohr auf mittlerer Schiene bei 170 °C ca. 15 Minuten backen.

Die erkalteten Stangerln auf der Backseite mit erwärmter Ribiselmarmelade bestreichen und zusammensetzen.

Für die Glasur Staubzucker mit Rum glatt rühren und ein Ende der „Zigarren" damit bestreichen. Auf ein Kuchengitter legen und die Glasur erstarren lassen.

Tipp:
Anstelle der Rumglasur kann man auch weiße Schokoladeglasur verwenden.

Weichselschnitten

1 Backblech

Zutaten für den Teig:

120 g Butter
100 g Wiener Backzucker
1 Pkg. Vanillezucker
3 Eidotter
250 g Mehl

Zutaten für den Belag:

400 g Weichselmarmelade
4 EL Rum oder Orangenlikör
3 EL Wiener Feinkristallzucker

300 g Marzipanrohmasse
100 g Wiener Staubzucker

Zum Bestreichen und Bestreuen:

1 Eiklar
Schokoladeglasur (Fertigprodukt)
Kokosette oder geriebene Haselnüsse

Zimmerwarme Butter, Backzucker, Vanillezucker und die Eidotter dickschaumig schlagen. Dann das Mehl vorsichtig unterkneten. Eine ½ Stunde kühl gestellt rasten lassen. Den Teig ausrollen und auf ein leicht befettetes Backblech legen.

Im vorgeheizten Backrohr auf mittlerer Schiene bei 170 °C ca. 10 Minuten backen.

Für den Belag Weichselmarmelade, Rum und Feinkristallzucker in einen Topf geben und 2 Minuten kochen.

Marzipan und Staubzucker gut verkneten und auf Staubzucker dünn ausrollen.

Die verfeinerte Weichselmarmelade auf die vorgebackene Teigplatte streichen, mit dem ausgerollten Marzipan bedecken und mit verschlagenem Eiklar dünn bestreichen.

Im vorgeheizten Backrohr bei 170 °C ca. 15 Minuten backen.

Ausgekühlt mit Schokoladeglasur bestreichen, mit Kokosette oder geriebenen Haselnüssen bestreuen und in kleine rechteckige Stücke schneiden.

Variante:
Gut schmecken die Weichselschnitten auch mit Zucker-Weichsel-Glasur: 200 g Staubzucker, 2 EL Weichselsirup und 3-4 EL heißes Wasser mit dem Kochlöffel zu einer dickflüssigen Masse verrühren und auf die noch warmen Schnitten streichen.

Muskatbusserln

60 Stück

Zutaten für den Teig:

3 Eier
140 g Wiener Zucker Brauner Rohrzucker kristallin
2–3 EL Mehl
150 g geriebene Mandeln
150 g geriebene Haselnüsse
½ TL geriebene Muskatnuss
1 Msp. Zimt

Schokoladeglasur zum Tunken
gehackte Pistazien oder bunter Zuckerstreusel zum Bestreuen

Die Eier mit Rohrzucker schaumig rühren. Mehl, Mandeln, Haselnüsse, Muskatnuss und Zimt vermischen und einrühren.

Mit Hilfe von zwei Teelöffeln oder einem Dressiersack mit glatter Spritztülle kleine Häufchen auf ein mit Backpapier ausgelegtes Backblech setzen und eine Stunde trocknen lassen.

Im vorgeheizten Backrohr bei 220 °C ca. 5 Minuten backen.

Die ausgekühlten Busserln entweder ganz oder zur Hälfte in Schokoladeglasur tauchen, mit gehackten Pistazien oder mit buntem Zuckerstreusel verzieren.

Produkt-Tipp:

Wiener Zucker Brauner Rohrzucker kristallin ist ein reines Naturprodukt und wird aus frisch geerntetem Zuckerrohr gewonnen. Typisch ist seine goldbraune Farbe und sein karamellartiger Geschmack. Durch seine besondere Beschaffenheit eignet er sich hervorragend zum Backen.

Obers-Kaffee-Kekse

90 Stück

Zutaten für den Teig:

450 g Mehl
225 g Butter
1 Ei
1 Eidotter
4 EL Mokka
½ TL Instantkaffee
100 g Wiener Staubzucker
1 Pkg. Vanillezucker
1 gestr. TL Backpulver

Zutaten für die Creme:

1/8 l Schlagobers
300 g weiße Schokolade

Wiener Streuzucker zum Bestreuen

Mokkabohnen zum Verzieren

Aus den Zutaten rasch einen glatten Mürbteig kneten und in Frischhaltefolie gewickelt eine Stunde kalt gestellt rasten lassen.

Den Teig ausrollen und Scheiben mit 4 cm ø ausstechen. Bei der Hälfte der Scheiben in der Mitte ein Loch ausstechen. Auf ein mit Backpapier ausgelegtes Backblech legen.

Im vorgeheizten Backrohr bei 175 °C ca. 12 Minuten hell backen.

Für die Creme Schlagobers ein Mal aufkochen, vom Herd nehmen, die zerkleinerte Schokolade dazu geben und glatt rühren. Die Creme mindestens 3 Stunden kühl stellen und vor Verwendung mit dem Mixer gut aufschlagen.

Nach dem Auskühlen die Kekse ohne Loch mit Creme bestreichen und je ein Keks mit Loch leicht darauf drücken. Mit Streuzucker bestreuen und je eine Mokkabohne durch das Loch in die Creme drücken.

Produkt-Tipp:

Wiener Zuckerillo Sticks in der praktischen Runddose sind ideal zum portionsweisen Süßen von Kaffee, Tee oder jedem anderen Getränk.

Kokos-Nuss-Schnitten

1 Backblech

Zutaten für den Teig:

280 g Mehl
1 TL Backpulver
50 g geriebene Haselnüsse
140 g Wiener Staubzucker
1 Pkg. Vanillezucker
180 g Butter
2 Eidotter
1 EL Rum

Marillen- oder Ribiselmarmelade zum Bestreichen

Zutaten für den Belag:

$^1/_{16}$ l Rum
200 g Wiener Feinkristallzucker
1 Pkg. Vanillezucker
200 g Butter
200 g geriebene Haselnüsse
220 g Kokosette

Die Zutaten rasch zu einem glatten Mürbteig verkneten und in Frischhaltefolie gewickelt eine ½ Stunde kühl gestellt rasten lassen.

Den Teig ausrollen, auf ein leicht befettetes Backblech legen und dünn mit Marmelade bestreichen.

Für den Belag $^1/_{16}$ l Wasser mit Rum, Feinkristallzucker, Vanillezucker und Butter ein Mal aufkochen, Haselnüsse und Kokosette einrühren. Die abgekühlte Masse auf dem Teig verteilen und glatt streichen.

Im vorgeheizten Backrohr bei 160 °C ca. 20 Minuten hell backen.

Abgekühlt in kleine rechteckige Stücke schneiden.

Tipp:
Zitronen- und auch Himbeerglasur harmonieren geschmacklich sehr gut mit den Kokos-Nuss-Schnitten.

Mokkabusserln

70 Stück

Zutaten für den Teig:

3 Eiklar
2 EL Essig
2 EL Wasser
300 g Wiener Backzucker
50 g Edelbitterschokolade
120 g Mehl
1 EL Instantkaffee
140 g Kokosette
2 EL Rum

Eiklar mit Essig und Wasser verrühren, Backzucker dazugeben und weiter schlagen, bis die Schneemasse eine cremige Konsistenz erreicht hat.

Die Schokolade fein reiben, mit Mehl und Instantkaffee gut vermischen und mit Kokosette und Rum unter die Schneemasse heben.

Mit Hilfe von zwei Teelöffeln oder einem Dressiersack mit glatter Spritztülle Busserln auf ein mit Backpapier ausgelegtes Backblech geben.

Im vorgeheizten Backrohr bei 170 °C ca. 20 Minuten backen.

Tipp:

Die Busserln mit Kaffeeglasur bestreichen. Dazu 2 TL Instantkaffee in 2 EL Wasser auflösen und mit 250 g Staubzucker gut verrühren.

Weißweinkekse

100 Stück

Zutaten für den Teig:

230 g Butter
3–4 EL Weißwein
3 Eidotter
240 g Wiener Staubzucker
1 Pkg. Vanillezucker
300 g Mehl

1 Ei zum Bestreichen
Wiener Hagelzucker zum Bestreuen

Die zimmerwarme Butter gut schaumig rühren. Wein, die Eidotter, Staubzucker und Vanillezucker nach und nach einrühren. Zum Schluss das Mehl mit dem Knethaken einrühren.

Den Teig in eine Frischhaltefolie gewickelt mindestens eine ½ Stunde kühl gestellt rasten lassen. Sobald der Teig fest genug ist, 4 mm dick ausrollen und in beliebiger Form ausstechen.

Auf ein mit Backpapier belegtes Backblech legen, mit verschlagenem Ei bestreichen und mit Hagelzucker bestreuen.

Im vorgeheizten Backrohr bei 180 °C ca. 15 Minuten backen.

Rotweinbusserln

60 Stück

Zutaten für den Teig:

160 g Butter
160 g Wiener Staubzucker
1 Pkg. Vanillezucker
1 Prise frisch geriebene Muskatnuss
1/8 l Rotwein
1 EL Zitronensaft
350 g Mehl
1 gestr. TL Backpulver

Wiener Hagelzucker zum Bestreuen

Zimmerwarme Butter, Staubzucker, Vanillezucker und Muskatnuss schaumig rühren. Rotwein und Zitronensaft nach und nach einrühren. Das Mehl mit dem Backpulver vermischen und in die Buttermasse rühren.

Den Teig in einen Dressiersack mit großer gezackter Spritztülle füllen und auf ein mit Backpapier ausgelegtes Backblech Busserln spritzen. Ist der Teig zu weich, noch etwas Mehl einrühren.

Die Busserln mit Hagelzucker bestreuen.

Das Backblech in die untere Hälfte des vorgeheizten Backrohres schieben und bei 180 °C ca. 12 Minuten backen.

Weißweinkekse, Rotweinbusserln

Schokoladewürfel

1 Backblech

Zutaten für den Teig:

4 Eier
280 g Wiener Backzucker
320 g Kochschokolade
100 g Butter
200 g Mehl
200 g geriebene Walnüsse
(oder Haselnüsse)

Zutaten für die Schokoladeglasur:

300 g Kochschokolade
150 g Wiener Staubzucker
30 g Butter

Eier mit Backzucker zu einer dickcremigen Masse aufschlagen. Kochschokolade im Wasserbad erweichen und die Butter darin schmelzen. Die abgekühlte Schokolademasse unter die Eiermasse mischen. Dann das Mehl und die Nüsse untermengen. Den Teig auf ein befettetes und bemehltes Backblech streichen.

Im vorgeheizten Backrohr bei 160 °C ca. 20 Minuten backen.

Abkühlen lassen und in kleine Würfel schneiden.

Für die Glasur die in Stücke gebrochene Kochschokolade mit 8 EL Wasser über Dampf schmelzen, den Staubzucker und zuletzt die Butter gut unterrühren. Die Würfel auf eine Gabel legen oder eine Kuchenzange verwenden, ganz in Schokoladeglasur tunken und auf einem beölten Kuchengitter trocknen lassen.

Tipp:
Man kann die Würfel auch mit einer halben Walnuss verzieren, Zuckerstreusel oder Kokosette auf die angetrocknete Glasur streuen.

Jonas-Busserln

60 Stück

Zutaten für den Teig:

60 g Butter
130 g Honig
1 Ei
1 Pkg. Vanillezucker
1 gestr. EL Kakaopulver
1 gestr. EL Lebkuchengewürz
1 Prise Salz
1 gestr. TL Backpulver
250 g Mehl
je 50 g Walnüsse, Aranzini, Zitronat, Rosinen
1 EL Zitronensaft
ca. $^1/_8$ l Kaffee

Zutaten für die Glasur:

20 g Butter
100 g Kochschokolade
250 g Wiener Feinkristallzucker

gehackte Walnüsse zum Dekorieren

Butter und Honig in einem Topf bei milder Hitze langsam erwärmen, verrühren, und in eine Rührschüssel geben. Das Ei und Vanillezucker unterrühren. Kakaopulver, Lebkuchengewürz, Salz und Backpulver mit dem Mehl vermischen und abwechselnd mit den gehackten Walnüssen, klein geschnittenen Aranzini, Zitronat, Rosinen, Zitronensaft und Kaffee in die Masse rühren.

Mit Hilfe von zwei Teelöffeln oder einem Dressiersack Busserln auf ein mit Backpapier ausgelegtes Backblech (oder auf kleine Backoblaten) setzen.

Im vorgeheizten Backrohr bei 170 °C ca. 15 Minuten backen.

Für die Glasur Butter und Kochschokolade im Wasserbad bei mäßiger Temperatur schmelzen.

Inzwischen Feinkristallzucker mit $^1/_8$ l Wasser zum so genannten „Schwachen Faden" kochen: Unter Rühren so lange kochen (bis 104 °C), bis sich bei der Probe zwischen den Fingern ein schwacher Faden bildet. Löffelweise in die zerlassene Schokolade einrühren.

Die Busserln nach dem Erkalten mit Schokoladeglasur überziehen und mit gehackten Walnüssen bestreuen.

Marzipan-Nussecken

1 Backblech

Zutaten für den Teig:

320 g Mehl
½ TL Backpulver
200 g Butter
80 g Wiener Staubzucker
1 Pkg. Vanillezucker
1 Ei
1 Prise Salz

Zutaten für den Belag:

250 g Marzipanrohmasse
150 g Butter
1/8 l Schlagobers
400 g geriebene Haselnüsse
140 g Wiener Braunzucker
2 Pkg. Vanillezucker
5 EL Rum

Ribiselmarmelade zum Bestreichen
Schokoladeglasur (Fertigprodukt)

Die Zutaten schnell zu einem glatten Mürbteig verkneten und in Frischhaltefolie gewickelt eine ½ Stunde kühl gestellt rasten lassen.

Inzwischen die Marzipanrohmasse grob reiben oder in kleine Stücke reißen. Butter und Schlagobers in einem Topf erhitzen, die zerkleinerte Marzipanrohmasse dazugeben und – am besten mit dem Handmixer - zu cremiger Konsistenz schlagen. Haselnüsse, Braunzucker, Vanillezucker und Rum einrühren.

Den Teig noch einmal durchkneten, ausrollen, auf ein befettetes Backblech legen, dabei den Rand hochziehen und dünn mit Ribiselmarmelade bestreichen.

Die Marzipan-Nuss-Masse darauf verteilen und glatt streichen.

Im vorgeheizten Backrohr bei 170 °C ca. 20 Minuten backen.

Nach dem Abkühlen in kleine dreieckige Stücke schneiden und die Ecken in Schokoladeglasur tunken.

Tipp:

Einfacher und schneller geht es, wenn man den gebackenen, ausgekühlten Teig mit Schokoladeglasur bestreicht und dann in kleine dreieckige Stücke oder Würfel schneidet.

WIENER
ZUCKER
BRAUN
ZUCKER

Zwetschkenkugerln

90 Stück

Zutaten für den Teig:

150 g Dörrzwetschken
100 g Marzipanrohmasse
120 g Butter
30 g Wiener Staubzucker
120 g geriebene Mandeln
60 g geriebene Milchschokolade
150 g Mehl
1 TL Backpulver
1 Eidotter
1 Msp. Zimt

Wiener Staubzucker und Zimt zum Wälzen

Die Dörrzwetschken und die Marzipanrohmasse fein schneiden. Mit allen anderen Zutaten zu einem Teig verarbeiten und eine ½ Stunde kühl gestellt rasten lassen.

Dann aus dem Teig Kugerln mit 1½-2 cm ø formen und auf ein mit Backpapier ausgelegtes Backblech legen.

Im vorgeheizten Backrohr bei 170 °C ca. 15 Minuten hell backen.

Die noch warmen Kugerln im Staubzucker-Zimt-Gemisch wälzen.

Tipp:
Anstelle von Dörrzwetschken kann man auch gedörrte Marillen oder Feigen verwenden.
Variante:
Die Kugerln in Schokoladeglasur tunken.

Rumkekse

60 Stück

Zutaten für den Teig:

300 g Mehl
½ Pkg. Backpulver
120 g Butter
120 g Wiener Staubzucker
1 Pkg. Vanillezucker
1 Ei
2 EL Rum

Marillenmarmelade
zum Füllen

Für die Glasur:

5 cl Rum
200 g Wiener Staubzucker

Schokoladestreusel
zum Bestreuen

Aus den Zutaten einen glatten Mürbteig kneten, in Frischhaltefolie wickeln und eine ½ Stunde kühl gestellt rasten lassen.

Den Teig ausrollen, mit einem gezackten Ausstecher kleine Scheiben ausstechen und auf ein mit Backpapier ausgelegtes Backblech legen.

Im vorgeheizten Backrohr bei 170 °C ca. 12 Minuten hell backen.

Marillenmarmelade erwärmen, bei Bedarf mit etwas Rum verrühren, und je zwei Kekse damit zusammensetzen.

Für die Glasur den Rum erwärmen und mit dem Staubzucker zu einer dickflüssigen Masse verrühren. Die Kekse damit bestreichen und mit Schokoladestreusel bestreuen.

ÜBERRASCHUNGEN FÜR KINDER

Kokosecken

1 Backblech

Zutaten für den Teig:

250 g Mehl
1 Pkg. Backpulver
1 Pkg. Vanillepuddingpulver
140 g Butter
120 g Wiener Staubzucker
1 Pkg. Vanillezucker
1 Ei

Zutaten für den Belag:

4 Eiklar
200 g Wiener Backzucker
250 g Kokosette
Himbeermarmelade

Schokoladeglasur zum Tunken

Mehl mit Backpulver und Vanillepuddingpulver gut vermischen, mit Butter abbröseln, mit Staubzucker, Vanillezucker und dem Ei zu einem Teig verkneten. Den Teig zu einer Kugel formen und eine ½ Stunde kühl stellen.

Für den Belag die Eiklar mit Backzucker zu festem Schnee schlagen und Kokosette unterheben.

Den Teig in der Größe des Backbleches ausrollen, darauf legen, mit Marmelade bestreichen, die Kokos-Schnee-Masse darauf verteilen und glatt streichen.

Im vorgeheizten Backrohr bei 160 °C ca. 20 Minuten backen.

Noch heiß in kleine dreieckige Stücke schneiden und auskühlen lassen.

Die Kokosecken auf eine Gabel legen und mit der Mürbteigseite so tief in Schokoladeglasur tauchen, dass diese mit Schokolade überzogen wird (man sieht nur mehr die Kokosschicht).

Die Kokosecken auf einem beölten Kuchengitter abtropfen und auf Backpapier trocknen lassen.

Schokostangerln

50 Stück

Zutaten für den Teig:

220 g Butter
250 g Wiener Backzucker
1 Pkg. Vanillezucker
3 Eier (Eier-Gewichtsklasse M)
300 g Mehl
1 gestr. TL Backpulver
2 EL Kakaopulver

Ribisel- oder Marillenmarmelade zum Füllen

Schokoladeglasur zum Tunken

Zimmerwarme Butter, Backzucker und Vanillezucker schaumig rühren. Die Eier nach und nach unterrühren. Mehl mit Backpulver und Kakaopulver vermischen und löffelweise unter die Buttermasse rühren.

Den Teig in einen Dressiersack mit mittelgroßer Spritztülle füllen und auf ein mit Backpapier ausgelegtes Backblech kleine Stangerln spritzen.

Im vorgeheizten Backrohr bei 160 °C ca. 14 Minuten hell backen.

Nach dem Erkalten vom Backpapier lösen, die Hälfte der Stangerln auf der Backseite mit Marmelade bestreichen und jeweils mit einem zweiten Stangerl zusammensetzen. Nebeneinander auf ein Backpapier schlichten und mit der Schokoladeglasur zarte Linien darüberziehen.

Tipp:
Man kann die Stangerln zusätzlich noch mit weißer Schokoladeglasur verzieren.
Variante :
Anstelle des Kakaopulvers 80 g fein geschnittene Rosinen unter den Teig mischen.

Lenaschnitten

1 Backblech

Zutaten für den Teig:

4 Eiklar
80 g Wiener Backzucker
6 Eidotter
80 g Wiener Backzucker
2 EL Öl
250 g Mehl
½ Pkg. Vanillepuddingpulver
1 Msp. Backpulver

Zutaten für den Belag:

Marillenmarmelade, mit etwas Rum verrührt

Zutaten für die Schneehaube:

3 Eiklar
200 g Wiener Backzucker
100 g geriebene Mandeln

Schokoladeglasur zum Verzieren

Mandelblättchen zum Bestreuen

Die Eiklar mit Backzucker zu steifem Schnee schlagen. Die Eidotter mit Backzucker sehr schaumig rühren und das Öl einrühren. Mehl mit Vanillepuddingpulver und Backpulver vermischen und abwechselnd mit dem Schnee vorsichtig unter die Dottermasse heben.

Den Teig auf ein befettetes, bemehltes Backblech streichen.

Auf mittlerer Schiene im vorgeheizten Backrohr bei 160 °C ca. 15 Minuten hell backen.

Aus dem Backrohr nehmen, 2 mm dick mit Marillenmarmelade bestreichen und nochmals 3 Minuten ins Backrohr stellen.

Inzwischen für die Schneehaube die Eiklar mit Backzucker zu steifem Schnee schlagen und die Mandeln untermengen. Die Schneemasse auf der Marmelade verteilen und bei 180 °C ca. 10 Minuten überbacken.

Mit einer Schokoladeglasur feine Linien darüberspritzen, mit Mandelblättchen bestreuen und in kleine Würfel oder Rauten schneiden.

Sesam-Himbeerkugeln

80 Stück

Zutaten für den Teig:

250 g Butter
80 g Wiener Vollzucker
2 Eidotter
300 g Mehl
1 TL Zitronensaft

Zutaten zum Wälzen:

Sesamsamen
bunter Zuckerstreusel

Himbeermarmelade zum Befüllen

Zimmerwarme Butter, Vollzucker und Eidotter mit dem Mixer cremig rühren. Mehl und Zitronensaft einkneten. Aus dem Teig mehrere dünne Rollen formen und kleine Stücke abschneiden. Daraus Kugeln mit 1½–2 cm ø formen.

Sesamsamen und bunten Zuckerstreusel vermischen und die Kugeln darin wälzen.

Die Kugeln auf ein mit Backpapier ausgelegtes Backblech legen, dabei leicht andrücken. Mit dem Stiel eines hölzernen Kochlöffels in jede Kugel eine Mulde drücken und mit Himbeermarmelade füllen.

Im vorgeheizten Backrohr bei 180 °C ca. 12 Minuten hell backen.

Die Kugeln auf dem Backblech auskühlen lassen.

Produkt-Tipp:

Wiener Vollzucker: Durch vorsichtige Pressung und schonende Trocknung des Zuckerrübensaftes bleiben die natürlichen Vitamine und Spurenelemente weitgehend erhalten. Für all jene, die mit dem natürlichen Vollzuckeraroma verfeinern wollen.

ZUCKER

Haferflockenbusserln

40 Stück

Zutaten für den Teig:

100 g Butter
100 g Wiener Zucker
Brauner Rohrzucker kristallin
180 g Hafermark
1 Pkg. Vanillezucker
1 Ei
1 Eidotter
50 g Mehl
½ Pkg. Backpulver
1 Msp. Zimt
2 TL Zitronensaft

50 g Butter in einem Topf zerlassen, 50 g Rohrzucker und das Hafermark dazugeben. Unter ständigem Rühren bei milder Hitze kurz durchrösten, beiseite stellen und abkühlen lassen.

Die restliche Butter mit 50 g Rohrzucker, Vanillezucker, Ei und Eidotter schaumig rühren und die gerösteten Haferflocken untermengen. Mehl, Backpulver und Zimt vermischen und mit dem Zitronensaft ebenfalls einrühren. Die Masse eine ½ Stunde kühl gestellt rasten lassen.

Mit Hilfe von zwei Teelöffeln kleine Busserln in einem Abstand von 3 cm auf ein befettetes, leicht bemehltes Backblech setzen (oder auch auf Backpapier). Sollte der Teig zu weich sein, 1–2 EL Hafermark untermengen.

Im vorgeheizten Backrohr bei 150 °C ca. 15 Minuten hell backen.

Die Busserln sofort vom Backblech nehmen und 1–2 Tage offen in der Küche stehen lassen, damit sie weich werden.

Kokosschneckerln

80 Stück

Zutaten für den Teig:

280 g Mehl
½ Pkg. Backpulver
100 g Butter
100 g Wiener Staubzucker
2 EL Milch
2 Eidotter
½ TL abgeriebene Schale einer unbehandelten Zitrone

Zutaten für die Füllung:

100 g Kokosette
1 gestr. EL Kakaopulver
60 g Wiener Staubzucker
1 Eiklar
1 EL Rum

Die Zutaten rasch zu einem glatten Teig verarbeiten und in Frischhaltefolie gewickelt 15-20 Minuten rasten lassen.

Für die Füllung Kokosette mit Kakaopulver, Staubzucker, Eiklar, Rum und 1 EL Wasser gut verrühren.

Den Teig zu einem Rechteck von ca. 20x40 cm ausrollen, mit der Füllung bestreichen, der Länge nach einrollen und in 4–5 mm dicke Scheiben schneiden.

Ist die Rolle zu weich, noch 10 Minuten in den Kühlschrank geben.

Die Schneckerln auf ein mit Backpapier belegtes Backblech legen.

Im vorgeheizten Backrohr bei 180 °C ca. 15 Minuten backen.

Produkt-Tipp:

*Wiener Staubzucker ist fein gemahlener Kristallzucker ohne spürbare Kristallteilchen.
Er eignet sich besonders für feine Mehlspeisen, Glasuren und Schlagobers.*

Kürbiskernkekse

80 Stück

Zutaten für den Teig:

160 g geriebene Kürbiskerne
300 g Mehl
280 g Butter
80 g Wiener Staubzucker
2 Eidotter
2 TL Zimt
2 Msp. Nelkenpulver

Zuckerschrift in verschiedenen Farben (Fertigprodukt)

Aus den Zutaten rasch einen Mürbteig kneten und in Frischhaltefolie gewickelt eine Stunde kühl gestellt rasten lassen.

Den Teig 3 mm dick ausrollen und mit beliebigen Ausstechformen kleine Autos, Flugzeuge etc. ausstechen.

Im vorgeheizten Backrohr bei 180 °C ca. 10 Minuten hell backen.

Nach dem Backen mit verschiedenfärbiger Zuckerschrift verzieren.

Variante:
Die Kekse mit Ribiselmarmelade zusammensetzen, zur Hälfte in Schokoladeglasur tauchen und mit geriebenen Kürbiskernen bestreuen.

Schokoladedukaten

60 Stück

Zutaten:

300 g Butterkekse
100 g Kochschokolade
100 g Butter
200 g Wiener Staubzucker
40 g Kakaopulver
3 EL Orangensaft

Die Butterkekse zerkrümeln oder mit dem Fleischklopfer zerkleinern. Kochschokolade im Wasserbad schmelzen.

Butter und Staubzucker schaumig rühren, Kakaopulver, Orangensaft, die Keksbrösel und die zerlassene Kochschokolade gut einrühren.

Aus der Masse zwei Rollen formen, in Frischhaltefolie wickeln und für 12 Stunden in den Kühlschrank legen. Die Rollen in 5 mm dicke Scheiben schneiden, diese nach Belieben halbieren.

Tipp:
Statt der Butterkekse können auch Biskottenbrösel oder Cornflakes verwendet werden.

Hinweis:
Die Schokoladedukaten werden nicht gebacken.

Grießbusserln

40 Stück

Zutaten für den Teig:

100 g feiner Weizengrieß
100 ml Milch
80 g Butter
100 g Wiener Staubzucker
1 Pkg. Vanillezucker
1 Prise Salz
1 Eidotter
3 Tropfen Bittermandelaroma
120 g Mehl
½ TL Backpulver
2 TL abgeriebene Schale einer unbehandelten Orange

Marillenmarmelade zum Füllen

Schokoladeglasur (Fertigprodukt)

Den Grieß in einer Schüssel mit Milch verrühren und mindestens eine ½ Stunde quellen lassen.

Die zimmerwarme Butter mit Staubzucker, Vanillezucker und Salz schaumig rühren. Den Eidotter und Bittermandelaroma darunter rühren. Mehl mit Backpulver und Orangenschale mischen und abwechselnd mit dem eingeweichten Grieß in die Buttermasse rühren.

Die Masse in einen Dressiersack mit glatter Spritztülle füllen und auf ein mit Backpapier ausgelegtes Backblech im Abstand von 3 cm kleine Busserln spritzen.

Im vorgeheizten Backrohr bei 175 °C ca. 10 Minuten hell backen.

Die Busserln nach dem Abkühlen mit Marillenmarmelade zusammensetzen. Zur Hälfte oder ganz in Schokoladeglasur tunken bzw. damit verzieren.

Fabian's Leckerli

60 Stück

Zutaten für den Teig:

220 g Mehl
1 gestr. TL Backpulver
160 g Wiener Staubzucker
1 Pkg. Vanillezucker
1 Ei
1 Eidotter
2 EL Milch

Zutaten für die Füllung:

100 g Kochschokolade
60 g Haselnüsse
50 g Aranzini
50 g Rosinen
2 EL Ribiselmarmelade

1–2 Eiklar zum Bestreichen

Wiener Streuzucker zum Bestreuen

Die Zutaten zu einem glatten Teig verarbeiten und eine 1/4 Stunde kühl gestellt rasten lassen.

Den Teig möglichst dünn auswalken und in 10 cm breite Streifen schneiden.

Für die Füllung Schokolade und Haselnüsse hacken, Aranzini und Rosinen in kleine Stücke schneiden und alles gut mit der Ribiselmarmelade vermischen.

Die Füllung in die Mitte der Teigstreifen geben. Die Längsseiten der Teigstreifen mit verschlagenem Eiklar bestreichen und darüberklappen. Auf ein mit Backpapier belegtes Backblech legen und mit verschlagenem Eiklar bestreichen.

Im vorgeheizten Backrohr bei 160 °C ca. 20 Minuten hell backen.

Noch lauwarm in dünne, schräge Schnitten schneiden und mit Streuzucker bestreuen.

ZUCKER

Bananenkipferln

70 Stück

Zutaten für den Teig:

180 g gut gereifte Bananen
130 g Butter
1 Eidotter
160 g Wiener Staubzucker
1 Pkg. Vanillezucker
300 g Mehl
½ Pkg. Backpulver
1 Prise Salz
1 EL Kakaopulver
½ TL Zimt

geriebene Mandeln
Schokoladeglasur
(Fertigprodukt)

Die Bananen in einer Rührschüssel mit einer Gabel zerdrücken und mit weicher Butter, Eidotter, Staubzucker und Vanillezucker gut verrühren. Mehl mit Backpulver, Salz, Kakaopulver und Zimt gut vermischen, dazugeben und mit dem Knethaken des Handmixers zuerst auf niedrigster, dann auf höchster Stufe zu einem Teig verarbeiten.

Die Masse auf einer bemehlten Arbeitsfläche mit der Hand zu einem glatten Teig verkneten.

In Frischhaltefolie gewickelt eine ½ Stunde kalt gestellt rasten lassen.

Aus dem Teig dünne Rollen formen, davon 4-5 cm lange Stücke abschneiden und zu Kipferln formen. Die Oberseite in geriebene Mandeln drücken und auf ein mit Backpapier ausgelegtes Backblech legen.

Die Kipferln im vorgeheizten Backrohr bei 160 °C ca. 12 Minuten hell backen.

Das Gebäck sofort vom Backblech ziehen und erkalten lassen. Die Enden der Kipferln in Schokoladeglasur tunken und auf einem beölten Kuchengitter oder Backpapier trocknen lassen.

WEIHNACHTEN

Amaretto-Schoko-Makronen

35 Stück

Zutaten für den Teig:

2 Eiklar
1 Prise Salz
200 g Wiener Backzucker
60 g geriebene Mandeln
30 g Kakaopulver

Zutaten für die Creme:

1/16 l Schlagobers
20 g Butter
1 EL Amaretto
100 g Milchschokolade

Die Eiklar mit Salz und 2 EL Backzucker zu steifem Schnee schlagen. Restlichen Backzucker, Mandeln und Kakaopulver vermischen und vorsichtig unter den Schnee heben.

Die Masse in einen Dressiersack mit glatter Spritztülle füllen und mit genügend Abstand kleine Busserln auf ein mit Backpapier ausgelegtes Backblech spritzen.

Im vorgeheizten Backrohr bei 190 °C ca. 10 Minuten backen. Dabei das Backrohr nicht öffnen!

Makronen auf dem Backblech vollständig auskühlen lassen.

Für die Creme in einem Topf Schlagobers mit Butter und Amaretto erwärmen (nicht aufkochen!) und die zerkleinerte Schokolade darin schmelzen. Creme kalt stellen. Die Konsistenz ist richtig, wenn die Creme nicht mehr vom Löffel rinnt. Die Creme mit dem Mixer kurz durchrühren, dann in den Dressiersack füllen und kleine Tupfen auf die halbe Menge der Makronen dressieren. Die restlichen Makronen vorsichtig darauf drücken.

Die Makronen kühl und trocken, gut verschlossen lagern.

Tipps:

Den Dressiersack zum Befüllen in einen Messbecher stellen.

Die Makronen als letztes Backwerk backen, dann können diese über Nacht auf dem Backblech auskühlen.

Walnusskrapferln

50 Stück

Zutaten für den Teig:

3 Eiklar
(Eier-Gewichtsklasse L)
140 g geriebene Walnüsse
180 g Wiener Backzucker
2 Pkg. Vanillezucker
1 TL abgeriebene Schale von einer unbehandelten Zitrone
1 Prise Salz
20 g Mehl

Ribiselmarmelade zum Füllen

In einem Topf die Eiklar mit Walnüssen, Backzucker, Vanillezucker, Zitronenschale und Salz verrühren und bei mittlerer Hitze unter ständigem Rühren ca. 15 Minuten erwärmen (nicht kochen!), bis die Masse dickcremig ist. Mehl unterrühren, rasch unter ständigem Rühren eindicken. Vom Herd nehmen und 15 Minuten kalt stellen.

Dann in einen Dressiersack mit gezackter Spritztülle (1 cm ø) füllen und auf ein mit Backpapier ausgelegtes Backblech kleine Krapferln spritzen. Mit einem Kochlöffelstiel, den man immer wieder in kaltes Wasser taucht, in jedes Krapferl eine Vertiefung drücken.

Im vorgeheizten Backrohr bei 200 °C ca. 10 Minuten backen.

Die Vertiefung der noch warmen Krapferln mit Marmelade füllen und auf dem Backblech vollständig auskühlen lassen.

Tipp:
Zum schnelleren Befüllen der Krapferln mit Marmelade eine Garnierspritze verwenden oder die Marmelade in einen Gefrierbeutel füllen und eine kleine Ecke abschneiden.

Pfefferschnitten mit Himbeergelee

1 Backblech

Zutaten für den Teig:

200 g Butter
200 g Wiener Staubzucker
1 Pkg. Vanillezucker
3 Eier
2 EL Rum
1 Prise Salz
120 g Kochschokolade
360 g Mehl
1 gestr. TL Backpulver
je 1 Msp. gemahlener Zimt, Nelkenpulver und gemahlener Pfeffer
¼ l Milch

Zutaten für die Glasur:

5 Blatt Gelatine
500 g Himbeermarmelade

Schokoladeglasur zum Tunken

Die zimmerwarme Butter, Staubzucker und Vanillezucker schaumig rühren, nach und nach die Eier zugeben. Rum, Salz und zerlassene Kochschokolade einrühren.

Mehl mit Backpulver, Zimt, Nelkenpulver und Pfeffer vermischen und unterrühren. Zuletzt mit der Milch zu einem glatten Teig verrühren.

Die Masse fingerdick auf ein befettetes, bemehltes Backblech streichen.

Im vorgeheizten Backrohr bei 170 °C ca. 30 Minuten backen.

Für die Glasur die Gelatine einweichen, ausdrücken, mit 3-4 EL Himbeermarmelade erwärmen und auflösen. Mit der restlichen Himbeermarmelade verrühren und auf das ausgekühlte Gebäck streichen. Sobald der Marmeladebelag erstarrt ist, zu kleinen Schnitten schneiden und mit Hilfe einer Kuchenzange zur Hälfte in Schokoladeglasur tauchen. Auf einem beölten Kuchengitter abtropfen lassen und kühl stellen.

Tipp:
Erst in eine Keksdose schlichten, wenn der Belag und die Glasur wirklich fest sind. Es ist ratsam, beim Aufeinanderschlichten eine Alufolie oder Frischhaltefolie dazwischen zu geben.

Trüffelkekse

90 Stück

Zutaten für den Teig:

450 g Mehl
2 TL Backpulver
2 EL Kakaopulver
150 g Wiener Staubzucker
2 Pkg. Vanillezucker
1 Prise Salz
2 Eier
250 g Butter

Zutaten für die Creme:

¼ l Schlagobers
350 g Zartbitterschokolade
2 TL abgeriebene Schale einer unbehandelten Orange

Schokoladeglasur zum Tunken

Mehl mit Backpulver und Kakaopulver mischen und mit Staubzucker, Vanillezucker, Salz, den Eiern und in Stückchen geschnittener Butter zu einem glatten Teig verkneten.

Den Teig in Frischhaltefolie gewickelt eine ½ Stunde kühl stellen (nicht in den Kühlschrank).

Dann den Teig auf einer bemehlten Arbeitsfläche dünn auswalken, mit beliebigen Keksformen ausstechen und auf ein mit Backpapier ausgelegtes Backblech legen.

Im Backrohr bei 170 °C ca. 10 Minuten backen und auskühlen lassen.

Für die Creme das Schlagobers im Topf ein Mal aufkochen lassen, dann die in Stücke gebrochene Schokolade und die Orangenschalen zufügen und verrühren. Mindestens 3 Stunden kalt stellen und vor Verwendung mit dem Mixer cremig aufschlagen.

Die Creme in einen Dressiersack füllen und auf die Hälfte der Kekse spritzen. Die restlichen Kekse daraufgeben und zur Hälfte in Schokoladeglasur tauchen.

Makronenscheiben

50 Stück

Zutaten für den Teig:

300 g Mehl
100 g Wiener Staubzucker
200 g Butter
1 Prise Salz
1 Pkg. Vanillezucker
1 Ei
1 TL Zitronensaft
1 Msp. Backpulver

Zutaten für die Makronenmasse:

120 g geriebene Mandeln
200 g Wiener Backzucker
2 Eiklar
1 Msp. Zimt

Zutaten für die Creme:

3/16 l Schlagobers
180 g Kochschokolade

Ribiselmarmelade zum Füllen

Schokoladeglasur zum Tunken

Mandelsplitter oder gehackte Pistazien zum Bestreuen

Alle Zutaten rasch zu einem glatten Teig verkneten und in Frischhaltefolie gewickelt eine Stunde kühl stellen.

Den Teig messerrückendick ausrollen, Scheiben mit 4 cm ø ausstechen und je zur Hälfte auf ein mit Backpapier ausgelegtes Backblech legen.

Eine Hälfte im vorgeheizten Backrohr bei 180 °C 12–14 Minuten backen. Die andere Hälfte der Scheiben nur ca. 5 Minuten backen.

Für die Makronenmasse die Zutaten in eine Schüssel geben und im Wasserbad unter ständigem Rühren dickschaumig schlagen. Die Schüssel vom Wasserbad nehmen und bis zum Erkalten ab und zu umrühren.

Die Makronenmasse in einen Dressiersack mit kleiner Spritztülle füllen und kranzförmig auf die halbgebackenen Scheiben spritzen.

Im vorgeheizten Backrohr bei 160 °C 10-12 Minuten fertig backen.

Für die Creme das Schlagobers aufkochen, Kochschokolade in Stückchen brechen, zum Schlagobers geben und unter ständigem Rühren schmelzen. Die Creme mindestens 3 Stunden kalt stellen und nach dem Festwerden gut aufschlagen. Die Kekse damit zusammensetzen und den Makronenkranz mit Ribiselmarmelade füllen.

Den Makronenkranz in Schokoladeglasur tauchen und mit Mandelsplittern oder gehackten Pistazien bestreuen.

Rumsterne

35 Stück

Zutaten für den Teig:

220 g Butter
300 g Mehl
½ Pkg. Backpulver
120 g Wiener Staubzucker
180 g geriebene Haselnüsse
1 Eidotter
4 EL Rum

Marillenmarmelade und Rum zum Füllen

Zutaten für die Glasur:

160 g Wiener Staubzucker
1 Eiklar
2 EL Rum

bunter Zuckerstreusel zum Bestreuen

Die kalte Butter in Stückchen schneiden, mit Mehl abbröseln und mit den anderen Zutaten zu einem glatten Teig verkneten.

In Frischhaltefolie gewickelt mindestens eine ½ Stunde kühl gestellt rasten lassen.

Den Teig 3–4 mm dick ausrollen, kleine Sterne ausstechen und auf ein mit Backpapier ausgelegtes Backblech legen.

Im vorgeheizten Backrohr bei 180 °C ca. 12 Minuten hell backen.

Die Marillenmarmelade nur mit so viel Rum verrühren, dass sie ihre Konsistenz behält. Jeweils zwei Sterne mit Marillenmarmelade zusammensetzen.

Für die Glasur den Staubzucker mit dem Eiklar und Rum zu einer zähflüssigen Masse verrühren. Die Sterne damit bestreichen und sofort mit buntem Zuckerstreusel bestreuen.

Eierlikör-Marzipan-Kekse

70 Stück

Zutaten für den Teig:

150 g Wiener Staubzucker
200 g Marzipanrohmasse
6 Eidotter
280 g Butter
300 g Mehl
1 Msp. Backpulver
1 TL abgeriebene Schale einer unbehandelten Orange
4 EL Eierlikör

Wiener Hagelzucker zum Bestreuen

Staubzucker mit der zerkleinerten Marzipanrohmasse, den Eidottern und der Butter glatt rühren. Mehl, Backpulver, Orangenschale und Eierlikör nach und nach einrühren.

Den Teig in einen Dressiersack mit gezackter Spritztülle füllen und kleine Häufchen, Stangerln, Sterne oder Herzen auf ein mit Backpapier ausgelegtes Backblech spritzen und mit Hagelzucker bestreuen.

Im vorgeheizten Backrohr bei 170 °C 8–10 Minuten hell backen.

Mit dem Backpapier sofort vom Backblech ziehen und auskühlen lassen.

Variante:
Kekse mit Marmelade zusammensetzen und in Schokolade tunken.

Produkt-Tipp:
Wiener Hagelzucker ist besonders grobkörnig, backfest und eignet sich daher besonders zum Verzieren von Backwaren.

Wachauerscheibchen

50 Stück

Zutaten für den Teig:

280 g Mehl
120 g Butter
120 g Wiener Staubzucker
1 Pkg. Vanillezucker
100 g geriebene Schokolade
1 Ei
4 EL Milch

Zutaten für die Füllung:

1/8 l Milch
80 g Wiener Feinkristallzucker
1 Pkg. Vanillezucker
2 Eidotter
100 g Mehl
100 g Butter
1 EL Marillenlikör

Zutaten für den Belag:

Marillenmarmelade
Schokoladeglasur (Fertigprodukt)
gedörrte Marillen

Die Zutaten für den Teig rasch verkneten und in Frischhaltefolie gewickelt eine ½ Stunde kühl stellen.

Den Teig 2-3 mm dick ausrollen, Scheiben mit 4 cm ø ausstechen und auf ein leicht befettetes Backblech legen.

Im vorgeheizten Backrohr bei 160 °C ca. 14 Minuten hell backen.

Für die Creme Milch, Feinkristallzucker, Vanillezucker, die Eidotter und das Mehl gut verrühren und unter ständigem Rühren aufkochen lassen. Vom Herd nehmen und unter oftmaligem Rühren abkühlen lassen. Die Butter schaumig rühren und die abgekühlte Masse nach und nach untermengen. Zum Schluss den Marillenlikör einrühren.

Die Kekse mit dieser Creme zusammensetzen und kalt stellen. Dann mit erwärmter Marillenmarmelade bestreichen und mit nach Packungsanleitung erwärmter Schokoladeglasur überziehen. Gedörrte Marillen in Stückchen schneiden und auf die noch weiche Schokoladeglasur geben.

Schnapskekse

120 Stück

Zutaten für den Teig:

300 g Mehl
280 g Butter
2 Eidotter
2 EL Essig
3 EL Obstbrand
1 Prise Salz

Zutaten für den Belag:

2 Eiklar
250 g Wiener Backzucker

Die Zutaten zu einem glatten Teig verkneten und in Frischhaltefolie gewickelt mindestens 2 Stunden im Kühlschrank rasten lassen.

Den Teig ausrollen und Scheiben mit 4–5 cm ø, Herzen oder Sterne ausstechen, auf ein befettetes Backblech legen.

Für die Schneemasse Eiklar mit Backzucker steif schlagen, in einen Dressiersack mit glatter Spritztülle füllen und in beliebiger Form auf die Teigstücke spritzen.

Im vorgeheizten Backrohr bei 160 °C ca. 15–20 Minuten hell backen.

Tipp:
Auch mit Marmelade zusammengesetzt schmecken die Kekse sehr gut.

Himmlische Sterne

50 Stück

Zutaten für den Teig:

3 Eiklar
250 g Wiener Backzucker
220 g Kochschokolade
260 g geriebene Mandeln
2 gestr. EL Stärkemehl
oder ½ Pkg. Schokolade-puddingpulver
2 Msp. Zimt
1 Msp. Nelkenpulver

Wiener Streuzucker zum Bestreuen

Die Eiklar mit Backzucker zu einem cremigen Schnee schlagen.

Die Kochschokolade fein reiben, mit den restlichen Zutaten gut vermischen und in die Schneemasse rühren. Die Masse mindestens 1 ½ Stunden an einem kühlen Ort rasten lassen.

Auf einer mit Staubzucker bestreuten Arbeitsfläche kurz kneten und in einige Stücke teilen. Ist der Teig zu weich, noch geriebene Mandeln einkneten.

Die Teigstücke nach und nach auf Staubzucker 1 cm dick auswalken und Sterne mit 3–4 cm ø ausstechen. Auf ein mit Backpapier ausgelegtes Backblech legen und mindestens 12 Stunden trocknen lassen.

Im vorgeheizten Backrohr bei 200 °C 3–5 Minuten backen, sodass die Sterne innen noch feucht sind. Mit Streuzucker bestreuen.

ZUCKER
BACKZUCKER

Aranzinistangerln

50 Stück

Zutaten für den Teig:

220 g geriebene Mandeln
100 g gewürfelte Aranzini
2 EL Orangenlikör
2 Eiklar
150 g Wiener Backzucker
2 Pkg. Vanillezucker

Schokoladeglasur
(Fertigprodukt)

Mandeln mit Aranzini und Orangenlikör vermengen. Die Eiklar mit Backzucker und Vanillezucker zu festem Schnee schlagen. Das Mandel-Aranzini-Gemisch vorsichtig mit einem Kochlöffel unterheben und die Masse eine ½ Stunde kalt stellen.

Die Masse in einen Dressiersack mit glatter Spritztülle füllen und auf ein mit Backpapier ausgelegtes Backblech 5 cm lange Stangerln spritzen. Zwischen den Stangerln ausreichend Abstand lassen, da der Teig beim Backen auseinander läuft.

Im vorgeheizten Backrohr bei 200 °C ca. 8 Minuten backen und auf dem Backblech auskühlen lassen.

Die Stangerln der Länge nach zur Hälfte in Schokoladeglasur tunken und auf einem beölten Kuchengitter trocknen lassen.

Tipp:
Hübsch sieht es aus, wenn man die Stangerln mit Aranzini bestreut.

Produkt-Tipp
Wiener Backzucker ist durch seine Körnung speziell für alle Arten feiner Mehlspeisspezialitäten zu verwenden. Er ist besonders gut vermischbar und leicht löslich.

Mohn-Mandel-Kekse

70 Stück

Zutaten für den Teig:

250 g Butter
300 g Mehl
70 g geriebene Mandeln
60 g geriebener Mohn
100 g Wiener Staubzucker
1 TL abgeriebene Schale einer unbehandelten Zitrone
Saft einer ½ Zitrone
1 Eidotter

Ribiselmarmelade zum Füllen

Wiener Staubzucker und Zimt zum Bestäuben

Die Zutaten schnell zu einem glatten Mürbteig verkneten und in Frischhaltefolie gewickelt eine Stunde kühl gestellt rasten lassen.

Den Teig vor dem Ausrollen nochmals gut durchkneten, 3 mm dick ausrollen und kleine Scheiben, Herzen oder Sterne ausstechen.
Bei der Hälfte der ausgestochenen Teigstücke in der Mitte kleine Löcher, Herzerln oder Sternchen ausstechen. Auf ein mit Backpapier ausgelegtes Backblech legen.

Im vorgeheizten Backrohr bei 170 °C ca. 10 Minuten hell backen.

Die Kekse nach dem Abkühlen mit Ribiselmarmelade zusammensetzen. Staubzucker und Zimt vermischen und die Kekse damit bestäuben.

Griechische Blüten

60 Stück

Zutaten für den Teig:

200 g Butter
1 Eidotter
80 g Wiener Staubzucker
1 TL abgeriebene Schale einer unbehandelten Zitrone
300 g Mehl

1 Eiklar zum Bestreichen

Marillenmarmelade zum Füllen

Wiener Staubzucker und Vanillezucker zum Bestreuen

Die zimmerwarme Butter mit dem Eidotter, Staubzucker und Zitronenschale schaumig rühren.

Das Mehl auf die Arbeitsplatte geben, mit dem Butterabtrieb zu einem glatten Teig verkneten, diesen in Frischhaltefolie wickeln und eine Stunde kalt gestellt rasten lassen.

Den Teig 3 mm dick ausrollen, mit einem Ausstecher in Blütenform Scheiben mit 4 cm ø ausstechen und auf ein leicht befettetes Backblech legen. Mit verschlagenem Eiklar bestreichen und über Nacht stehen lassen.

Im vorgeheizten Backrohr bei 170 °C ca. 10 Minuten hell backen.

Die Kekse mit Marillenmarmelade zusammensetzen. Staubzucker und Vanillezucker vermischen und die „Blüten" damit bestreuen.

Butterkekse

100 Stück

Zutaten für den Teig:

220 g Butter
140 g Wiener Staubzucker
1 Eidotter
1 EL Rum
1 TL abgeriebene Schale einer unbehandelten Zitrone
360 g Mehl
1 Prise Salz

Zutaten zum Bestreuen:

250 g Wiener Staubzucker
2 TL Zimt

Die zimmerwarme Butter mit Staubzucker schaumig rühren. Eidotter, Rum und Zitronenschale einrühren. Mehl mit Salz vermischen und ebenfalls mit dem Knethaken einrühren. Den Teig auf einer bemehlten Arbeitsfläche zu einer Rolle formen, in Frischhaltefolie wickeln und 20 (!) Stunden kalt gestellt ruhen lassen. Vor der Weiterverarbeitung sollte der Teig zwei Stunden bei Zimmertemperatur rasten.

Den Teig 4-5 mm dick ausrollen, in beliebiger Form ausstechen und auf ein mit Backpapier ausgelegtes Backblech legen.

Im vorgeheizten Backrohr bei 190 °C ca. 12 Minuten hell backen.

Staubzucker und Zimt gut vermischen und die heißen Kekse damit bestreuen.

Tipps:

Nach dem alten Originalrezept wird der Teig je zur Hälfte mit Butterschmalz und Butter zubereitet.
Anstelle von Zimt kann auch Kakaopulver oder Vanillezucker verwendet werden.

Waldviertler Mohn-Nuss-Kipferln

50 Stück

Zutaten für den Teig:

250 g Butter
100 g Wiener Vollzucker
1 Pkg. Vanillezucker
1 Ei
1 Eidotter
100 g geriebene Haselnüsse
80 g geriebener Mohn
250 g Mehl
1/2 TL Backpulver
1 Prise Salz
½ TL Zimt

Ribiselmarmelade
zum Füllen

Schokoladeglasur
(Fertigprodukt)

Die zimmerwarme Butter mit Vollzucker und Vanillezucker cremig rühren, dann das Ei, den Eidotter, Haselnüsse und Mohn einrühren. Mehl mit Backpulver, Salz und Zimt vermischen und ebenfalls einrühren.

Die Masse in einen Dressiersack mit gezackter Spritztülle füllen und auf ein befettetes, bemehltes Backblech oder auf Backpapier kleine Kipferln spritzen.

Im vorgeheizten Backrohr bei 175 °C ca. 12 Minuten hell backen.

Noch lauwarm mit Ribiselmarmelade zusammensetzen. Sind die Kipferln abgekühlt, die Enden in Schokoladeglasur tunken.

Tipp:
Den Dressiersack öfter mit kleinen Mengen befüllen, damit man ihn gut in die Hand nehmen kann und die Masse durch die Handwärme nicht zu früh schmilzt.

Produkt-Tipp:
Wiener Vollzucker ist der österreichische Beitrag zur bewussten Ernährung – mit natürlichem Vollzuckeraroma, zum Backen und Süßen geeignet.

Großmutters Lebkuchen

120 Stück

Zutaten für den Teig:

250 g Butter
250 g Honig
250 g Wiener Braunzucker
250 g Weizenmehl
250 g Roggenmehl
1 TL Natron
1 Pkg. Lebkuchengewürz
60 g geriebene Haselnüsse
2 TL abgeriebene Schale einer unbehandelten Zitrone
2 Eier

1–2 Eiklar zum Bestreichen

Zuckerstreusel oder gehackte Walnüsse zum Verzieren

Butter, Honig und Braunzucker mit 1/8 l Wasser in einem Topf unter Rühren aufkochen. Beide Mehlsorten in einer Schüssel mit Natron, Lebkuchengewürz, Haselnüssen und Zitronenschale gut vermischen.

Die gekochte Masse noch heiß in die Mehlmischung gießen und kurz durchrühren. Zum Schluss die Eier hineinrühren. Den Teig auf einer bemehlten Arbeitsfläche noch einmal mit der Hand durchkneten, in Frischhaltefolie wickeln und über Nacht kühl stellen.

Den Teig 4–5 mm dick ausrollen, mit verschiedenen Ausstechformen ausstechen, mit verschlagenem Eiklar bestreichen, mit Zuckerstreusel bestreuen oder mit Walnussstückchen belegen.

Im vorgeheizten Backrohr bei 190 °C ca. 12 Minuten backen.

Variante:
Die Kekse nach dem Backen mit Schokoladeglasur bestreichen und mit Zuckerglasur verzieren.

Powidlherzen

50 Stück

Zutaten für den Teig:

250 g Mehl
130 g Wiener Zucker
Brauner Rohrzucker
kristallin
1 Pkg. Vanillezucker
130 g Butter
1 Prise Salz
1 Ei
100 g geriebene Walnüsse
oder Haselnüsse
1 Msp. Zimt

Powidl und Rum
zum Füllen

Schokoladeglasur
(Fertigprodukt)

Aus den Zutaten schnell einen glatten Mürbteig kneten, in Frischhaltefolie wickeln und eine ½ Stunde kühl gestellt rasten lassen.

Den Teig 3 mm dick ausrollen und Herzen ausstechen. Auf ein mit Backpapier ausgelegtes Backblech legen.

Im vorgeheizten Backrohr bei 180 °C ca. 10 Minuten hell backen.

Powidl erwärmen, mit Rum glatt rühren und damit jeweils zwei ausgekühlte Herzen zusammensetzen.

Die Herzen zur Hälfte in Schokoladeglasur tunken und auf einem beölten Kuchengitter oder auf Backpapier trocknen lassen.

Produkt-Tipp:

Wiener Zucker Brauner Rohrzucker kristallin, ausgezeichnet mit dem Fairtrade-Gütesiegel, eignet sich hervorragend zum Backen und Süßen von heißen und kalten Mixgetränken.

Orangen-Marzipan-Busserln

70 Stück

Zutaten für den Teig:

200 g Marzipanrohmasse
280 g Butter
6 Eidotter
150 g Wiener Braunzucker
300 g Mehl
2 TL abgeriebene Schale von einer unbehandelten Orange
4 EL Mandellikör

Schokoladeglasur (Fertigprodukt)

Marzipanrohmasse reiben oder in kleine Stücke reißen und mit zimmerwarmer Butter, den Eidottern und Braunzucker glatt rühren.

Das Mehl mit Orangenschale vermischen und nach und nach mit dem Mandellikör unterrühren.

Den Teig in einen Dressiersack mit glatter Spritztülle füllen und auf ein mit Backpapier ausgelegtes Backblech Busserln spritzen.

Im vorgeheizten Backrohr bei 150 °C ca. 10 Minuten hell backen.

Sofort vom Backblech nehmen!

Die Busserln in Schokoladeglasur tunken oder damit verzieren.

WIENER
ZUCKER
BRAUN
ZUCKER

Vanillekipferln

80 Stück

Zutaten für den Teig:

280 g Mehl
1 Prise Salz
220 g Butter
100 g geriebene Mandeln
80 g Wiener Staubzucker
2 Pkg. Vanillezucker
1 TL Zitronensaft
1 Eidotter
1–2 TL Milch nach Bedarf

Zutaten zum Wälzen:

150 g Wiener Staubzucker
1 Pkg. Vanillezucker

Aus den Zutaten rasch einen Teig kneten. Sollte der Teig zu bröselig sein, 1–2 TL Milch einkneten. Den Teig eine ½ Stunde kühl gestellt rasten lassen.

Zu bleistiftdicken Rollen formen und in gleichmäßig große Stücke schneiden. Daraus Kipferln formen und auf ein mit Backpapier ausgelegtes Backblech legen.

Im vorgeheizten Backrohr bei 180 °C 10-12 Minuten backen.

Staubzucker mit Vanillezucker vermischen und die noch warmen Kipferln darin wälzen.

Sie suchen noch mehr himmlische Rezepte?

...und darüber hinaus Lesegenuss, Unterstützung und Bestätigung bei Ihren vielfältigen Herausforderungen als Frau ?

welt der frau

Welt der Frau ist nicht am Kiosk erhältlich.
Welt der Frau kommt monatlich zu Ihnen nach Hause!

das Frauenmagazin mit Niveau:

Offen, ehrlich, selbstbewusst und stark!

Jetzt 3 Monate lang kostenlos lesen!

Testen Sie Ihre ersten drei Ausgaben kostenlos und unverbindlich. Erst nach dem dritten Heft entscheiden Sie, ob Sie Welt der Frau regelmäßig beziehen wollen. Jahres-Abo mit 11 Ausgaben, inkl. Doppelnummer, zum Preis von € 29,- . Kündigung 3 Monate vor Aboende

Gleich anrufen: 0732 77 00 01-14, faxen: DW-24
bestellen per e-mail: aboservice@welt-der-frau.at
oder auf www.welt-der-frau.at

Die Zuckerseiten Österreichs.

Lassen Sie sich das auf der Zunge zergehen:
Mit Wiener Gelierzucker können Sie Ihre Lieblingsmarmelade so zubereiten, wie sie Ihnen schmeckt.
Süß, fruchtig oder leicht - ganz nach Ihrem Geschmack.

Ein Fruchtgenuss für Ihre Kekse.

Die besten Rezepte für feine Marmeladen finden Sie im Wiener Einkochbuch und unter www.wiener-zucker.at